Vida sana

Ejercicio

por Vanessa Black

Bullfrog
Books

Ideas para padres y maestros

Bullfrog Books permite a los niños practicar la lectura de texto informacional desde el nivel principiante. Repeticiones, palabras conocidas y descripciones en las imágenes ayudan a los lectores principiantes.

Antes de leer

- Hablen acerca de las fotografías. ¿Qué representan para ellos?
- Consulten juntos el glosario de fotografías. Lean las palabras y hablen de ellas.

Durante la lectura

- Hojeen a través del libro y observen las fotografías. Deje que el niño haga preguntas. Muestre las descripciones en las imágenes.
- Lea el libro al niño, o deje que él o ella lo lea independientemente.

Después de leer

- Anime a que el niño piense más. Pregúntele: ¿Cuánto ejercicio crees que haces al día? ¿Cuál es tu actividad física favorita?

Bullfrog Books are published by Jump!
5357 Penn Avenue South
Minneapolis, MN 55419
www.jumplibrary.com

Library of Congress Cataloging-in-Publication Data

Names: Black, Vanessa, 1973– author.
Title: Ejercicio / por Vanessa Black.
Other titles: Exercise. Spanish
Description: Minneapolis, MN: Jump!, Inc., [2017]
Series: Vida sana
"Bullfrog Books are published by Jump!"
Audience: Ages 5–8. | Audience: K to grade 3.
Includes bibliographical references and index.
Identifiers: LCCN 2016042871 (print)
LCCN 2016045528 (ebook)
ISBN 9781620316535 (hardcover : alk. paper)
ISBN 9781620316603 (pbk.)
ISBN 9781624965371 (ebook)
Subjects: LCSH: Exercise—Juvenile literature.
Health—Juvenile literature.
Classification: LCC RA781 .B53718 2017 (print)
LCC RA781 (ebook) | DDC 613.7/1—dc23
LC record available at https://lccn.loc.gov/2016042871

Editor: Jenny Fretland VanVoorst
Book Designer: Molly Ballanger
Photo Researcher: Molly Ballanger
Translator: RAM Translations

Photo Credits: All photos by Shutterstock except:
Alamy, 8–9; 12; iStock, 6–7, 16–17;
Thinkstock, 14–15, 18, 23tl.

Printed in the United States of America at Corporate Graphics in North Mankato, Minnesota.

Tabla de contenido

¡Ponte en forma!

Mara y Zed corren.

Saltan.

Nadan.

El ejercicio es bueno
para tu salud.

Te ayuda a
mantener la salud.

7

Noé anda en bicicleta.
Sus músculos trabajan.
Se fortalecen.

Rory está de mal humor.

Juega al básquetbol.

Pronto se siente mejor.

Beth juega al
tenis con Henry.

Se está divirtiendo.

Está bajando de peso.

Jacinta patea.

Golpea.

Practica karate.

Sabe como
mantenerse segura.

15

Roberto juega al fútbol.

Corre.

Su corazón palpita rápido.

Le ayuda a dormir bien.

Nada. Escala.
Brinca. Juega.

Experimenta muchas actividades.

Descubre lo que más te gusta.

¡El ejercicio es divertido!
Hazlo a diario.

Tus ejercicios diarios

Debes realizar actividades físicas por lo menos 60 minutos todos los días.

estirarse
Estírate antes y después del ejercicio. Estirar mantiene tus músculos sanos y evita lesiones.

beber agua
Es muy importante que tomes agua antes, durante y después de ejercitarte. Tus músculos necesitan agua para funcionar.

calentamiento
Antes de jugar intensamente, es bueno dejar que tus músculos se calienten. Una manera de realizar calentamiento es trotar.

comer saludable
Antes y después de ejercitarse es bueno comer algo saludable como una barra de proteína, una fruta, o un huevo duro.

Glosario con fotografías

humor
Como te sientes.

músculos
Las partes del
cuerpo que te
ayudan a mover.

karate
Forma de pelear
que utiliza patadas
y golpes tanto para
ejercicio como para
defensa personal.

tenis
Para jugar con
una pelota por
encima de la red.

Índice

Para aprender más

Aprender más es tan fácil como 1, 2, 3.

1) Visite www.factsurfer.com

2) Escriba "ejercicio" en la caja de búsqueda.

3) Haga clic en el botón "Surf" para obtener una lista de sitios web.

Con factsurfer.com, más información está a solo un clic de distancia.